250 PREGUNTAS Y RESPUESTAS QUE DEBES CONOCER SOBRE LOS DINOSAURIOS

susaeta

Dirección editorial: M.ª Jesús Díaz
Coordinación: Roberto Uriel
Diseño gráfico y maquetación: Rocío Cuenca
Revisión: Estelle Talavera
Ilustraciones: Marifé González

© SUSAETA EDICIONES S.A.
C/ Campezo, 13 - 28022 Madrid
Tel.: 91 3009100
www.susaeta.com

INTRODUCCIÓN

Hace millones de años, unas increíbles criaturas dominaron el planeta: los dinosaurios. Unos eran inmensos como casas, otros pequeños como lagartijas. Unos eran feroces carniceros, otros pacíficos herbívoros.

Con este libro explorarás el mundo de los dinosaurios y descubrirás los secretos de algunos de estos animales prehistóricos: cuándo aparecieron, por qué se extinguieron, qué aspecto tenían, cómo vivían, si volaban o nadaban, y muchas curiosidades más.

¿AÚN ESTÁS AQUÍ?
Pasa la página y prepárate:
los dinosaurios te están esperando a lo largo de 250 preguntas y respuestas.

SUMARIO

LOS DINOSAURIOS

Los dinosaurios son unos animales prehistóricos que vivieron en nuestro planeta durante la era **MESOZOICA,** mucho antes de que la Tierra fuera habitada por el ser humano. Existieron varias clases de dinosaurios que eran muy diferentes entre sí. Se calcula que hubo unas mil especies distintas de estos impresionantes animales.

1

¿Por qué los dinosaurios se llaman dinosaurios?

El término dinosaurio viene de dos palabras griegas: **DEINOS,** que significa 'terrible', y **SAUROS,** que significa 'lagarto' o 'reptil'. En griego antiguo los adjetivos se escribían antes que el sustantivo, así que dinosaurio significa 'lagarto terrible'.

2

¿Quién inventó la palabra?

El paleontólogo inglés **RICHARD OWEN** propuso en 1842 llamar *DINOSAURIOS* a ciertos reptiles enormes que habían sido descubiertos en Gran Bretaña. En aquellos tiempos se creía que los restos descubiertos eran trozos de animales que no habían podido subir al Arca de Noé.

MESOZOICO

251 m. a. **Triásico** 204 m. a. **Jurásico** 146 m. a. **Cretácico** 65 m. a.

m. a. = millones de años

3

¿Qué es el Mesozoico?

El Mesozoico, también llamado «edad de los reptiles» o «Era Secundaria», duró cerca de 200 millones de años. Es la época en la que **LOS DINOSAURIOS DOMINARON** la Tierra.

4

¿En cuántos periodos se divide el Mesozoico?

En tres periodos: Triásico, Jurásico y Cretácico.

5

¿Dónde aparecieron los primeros dinosaurios?

Hasta hace poco, se creía que los primeros eran originarios de **ESCOCIA.** Recientes estudios defienden, en cambio, que proceden de lo que hoy es **AMÉRICA DEL SUR.** Desde allí, colonizaron el resto del planeta.

6

¿En cuántos grupos se dividen los dinosaurios?

En cinco grupos: por un lado, los **MARGINOCÉFALOS,** los **ORNITÓPODOS** y los **TIREÓFOROS** (todos ellos herbívoros que tenían las caderas parecidas a las de los pájaros), y, por el otro, los **TERÓPODOS** y los **SAUROPODOMORFOS** (dinosaurios con caderas como las de los lagartos).

7

¿Cómo eran los marginocéfalos?

Los marginocéfalos ('cabeza con reborde') eran dinosaurios herbívoros del Jurásico con **UN HUESO DETRÁS DE LA CABEZA EN FORMA DE CRESTA** que les protegía el cuello. Algunos además tenían cuernos. Los ceratópsidos como el tricerátops pertenecen a este grupo.

Marginocéfalo

8

¿Cómo eran los ornitópodos?

Los ornitópodos ('pie de pájaro') tenían **TRES DEDOS EN CADA PIE,** como las aves, y dominaron el paisaje de las llanuras norteamericanas del Cretácico. Los hadrosaurios y los iguanodontes pertenecen a este grupo.

Ornitópodo

9

¿Cómo eran los tireóforos?

En griego, un tireóforo es alguien que lleva un gran escudo, y es que estos dinosaurios estaban **MUY BIEN PROTEGIDOS.** Tenían la espalda acorazada con **PLACAS** protectoras del tamaño de platos y colas llenas de largas **ESPINAS.** Durante el Jurásico vivieron los estegosaurios y en el Cretácico, los anquilosaurios.

Sauropodomorfo

Tireóforo

10

¿Cómo eran los terópodos?

Lo primero que define a los terópodos ('pie de bestia'), fueran grandes o pequeños, es que **ERAN CARNÍVOROS,** aunque algunos evolucionaron para comer también plantas. Hay restos de terópodos en casi todos los continentes: destacan el tiranosaurio y el velocirraptor.

Terópodo

11

¿Cómo eran los sauropodomorfos?

Al principio, los sauropodomorfos comían de todo, pero su cuello largo les permitía alcanzar sin problemas las ramas a las que otros animales no llegaban, así que abandonaron la caza y sus peligros. Comieron tanto que se convirtieron en **LOS MAYORES DINOSAURIOS DE TODOS LOS TIEMPOS.** Primero andaban a dos patas y cuando crecieron apoyaron su peso sobre las cuatro, que tenían forma de pie de lagarto. El conocido diplodocus pertenece a este grupo.

Características de los dinosaurios

12

¿Qué tenían en común todos los dinosaurios?

Todos ponían huevos, y casi todos tenían la **PIEL DURA Y ESCAMOSA.** La mayoría tenía tres dedos en las patas, los codos orientados hacia atrás y las rodillas mirando hacia delante. Y casi todos eran animales terrestres.

13

¿Los dinosaurios eran reptiles?

Sí, pertenecían a la familia de los reptiles, como las serpientes y los cocodrilos. Sin embargo, a diferencia de estos, los dinosaurios tenían las **EXTREMIDADES SITUADAS POR DEBAJO DEL TRONCO,** y eso les permitía caminar erguidos en lugar de tener que arrastrarse.

14

¿Eran de sangre fría?

Al principio, la mayoría de los científicos creía que sí. *Robert Bakker* fue el primero que, en 1968, se atrevió a decir lo contrario: que los dinosaurios eran **ANIMALES DE SANGRE CALIENTE,** igual que los mamíferos. Al principio nadie le creyó, pero hoy en día casi todos los científicos están de acuerdo.

15

¿Cuántos años vivían?

Había dinosaurios con metabolismo lento, como el de las **TORTUGAS,** que podían llegar a vivir más de 150 años, y otros más parecidos a los animales de sangre caliente, como los **PÁJAROS** y los **MAMÍFEROS,** que vivirían aproximadamente la mitad.

16

¿Qué es un dinosaurio bípedo?

Un dinosaurio que caminaba **ERGUIDO SOBRE SUS DOS PATAS TRASERAS** porque las delanteras eran minúsculas y no podían soportar el peso de su tronco. Para estabilizar sus movimientos se ayudaban de la cola, que hacía de contrapeso.

17

¿Qué es un dinosaurio cuadrúpedo?

Un dinosaurio que caminaba **A CUATRO PATAS.** Estos andaban de forma más estable, pero también más lenta. Poseían unas patas anchas y fuertes, parecidas a las de los elefantes.

18

¿Qué comían los dinosaurios carnívoros?

Comían todo bicho viviente que se cruzara en su camino. Algunos eran carroñeros y se alimentaban de animales muertos, pero la mayoría **ERAN UNOS HÁBILES Y FEROCES CAZADORES,** por eso eran los más temidos.

19

¿Qué comían los dinosaurios herbívoros?

Estos dinosaurios eran más pacíficos y se alimentaban **DE TODA CLASE DE PLANTAS,** dependiendo de la especie. Algunos, además, comían piedras (llamadas gastrolitos) para que estas les ayudaran a hacer la digestión.

20

¿Qué comían los dinosaurios omnívoros?

Una pequeña minoría de dinosaurios comía **DE TODO,** tanto carne como vegetación. Entre estos omnívoros destacaba el gallimimo, muy similar a una gran gallina.

¿Los dinosaurios veían bien?

Los dinosaurios tenían **MUY BUENA VISTA.** Los ojos de los herbívoros estaban situados a los lados de la cabeza, cualidad que les otorgaba una amplia visión periférica.
Los ojos de los carnívoros eran frontales y de gran tamaño.
Su **PENETRANTE MIRADA** debía de sembrar el pánico entre sus víctimas.

22

¿Qué tal oían?

Los dinosaurios, por lo general, tenían un **OÍDO EXCELENTE** (aunque no tenían orejas). Según algunos expertos, eran capaces de captar ultrasonidos, como los delfines, pero esta es una teoría muy difícil de demostrar. También tenían el sentido del olfato muy desarrollado.

23

¿Cómo se comunicaban?

Gracias a estas características, no les resultaba difícil localizarse. Se cree que eran capaces de enviarse sencillos mensajes mediante **GRUÑIDOS, SISEOS, GOLPES DE MANDÍBULA, RUGIDOS,** etc.

24

¿De qué color era la piel de los dinosaurios?

Hasta no hace mucho se pensaba que los dinosaurios eran monocromos, es decir, de un solo color. Se los asociaba a una gama de colores muy limitada, de apariencia oscura y triste, como el gris, el verde o el marrón.

Sin embargo, recientes estudios confirman que, en muchos casos, sus colores eran **MÁS VARIADOS Y CON FRECUENCIA DE TONOS ALEGRES** y luminosos, como rojo, blanco, naranja, rosa y amarillo.

25

¿Eran rápidos?

En general los dinosaurios no destacaron por ser veloces. Más que correr, **ANDABAN RÁPIDO O CAMINABAN A SALTOS.** Pocos ejemplares lograban superar los 25 km/h. Su velocidad punta era inferior a la del ser humano. Sin embargo, gracias a su fortaleza y a sus poderosas extremidades, estaban preparados para recorrer larguísimas distancias.

26
¿Cómo eran sus dientes?

Había carnívoros que tenían más de doscientos dientes distribuidos en varias filas, algunos de los cuales podían llegar a medir 15 cm. Constituían un arma muy poderosa. En cambio, **LOS DIENTES DE LOS HERBÍVOROS ERAN PLANOS** y no les servían para luchar, solo para masticar la vegetación de la que se alimentaban.

27
¿Y sus garras?

Las garras de los carnívoros también resultaban letales. **GRANDES, DURAS Y PICUDAS,** suponían una amenaza imponente para sus presas.

28
¿Con qué defensas contaban los herbívoros?

Ante estas armas de los carnívoros, los herbívoros tenían que defenderse para sobrevivir, por eso muchos desarrollaron una serie de armas defensivas como **CUERNOS, CORAZAS, PÚAS Y ESPINAS.**

¿Cómo vivían los dinosaurios?

29
¿Vivían solos o en manada?

Aunque se conocen casos de dinosaurios solitarios que vivían por su cuenta, cada vez es mayor la certeza de que normalmente **SE REUNÍAN EN MANADAS O COMUNIDADES** formadas por varias familias (especialmente los herbívoros), que se juntaban para protegerse unas a otras de los depredadores más sanguinarios.

30
¿Vivían siempre en el mismo sitio?

La mayor parte de estas comunidades sí, pero se sabe que también **EXISTIERON CLANES DE COSTUMBRES NÓMADAS** que periódicamente partían de viaje y establecían su nuevo hogar en otros territorios, por sentirse amenazados o por cuestiones relacionadas con el clima o la alimentación.

31
¿Cómo cazaban?

La mayoría cazaba **EN GRUPO.** Esto les permitía cobrar piezas de gran tamaño, a las que individualmente jamás podrían vencer. Otros, en cambio, preferían cazar **SOLOS;** necesitaban cantidades ingentes de comida y no les compensaba repartir los alimentos que cazaban. Además, gracias a su tamaño y ferocidad, no necesitaban ayuda para vencer a sus presas.

¿Cómo formaban sus familias los dinosaurios?

Aunque no se sabe con certeza, parece que seguían un comportamiento similar al de los mamíferos y, sobre todo, al de las aves: **EL MACHO DEBÍA CONQUISTAR A LA HEMBRA.**

33

¿Cuánta descendencia podían tener?

La hembra de dinosaurio podía poner **ENTRE VEINTE Y CUARENTA HUEVOS EN CADA PUESTA,** que solía depositar en cavidades excavadas en la tierra. Se cree que la mayoría no lograba sobrevivir. Las crías eran devoradas por pequeños mamíferos depredadores, como el morganucodón; también, con frecuencia, morían de hambre.

34

¿Cómo cuidaban de sus crías?

Como vivían en manadas, **UNA SOLA MADRE** podía encargarse de vigilar y atender a muchos pequeños, mientras el resto iba de caza. Sin embargo, había algunas especies que abandonaban a sus hijos a su suerte.

Dinosaurios de récord

35

¿Qué dinosaurio era el más grande?

Hasta el momento, se considera que el mayor de todos fue el **PATAGOTITÁN,** un saurópodo descubierto en Argentina. Medía unos 38 m de longitud y 12 m de altura, o más aún.

Patagotitán

36

¿Qué dinosaurio era el más pequeño?

Aunque hay dudas, muchos expertos creen que el más pequeño fue el **EPIDEXIPTÉRIX,** un carnívoro que medía solo unos 25 cm de largo. Otros se inclinan por el **OCULUDENTAVIS,** pero no está claro que este animal fuera un dinosaurio.

Epidexiptérix

Oculudentavis

37

¿Qué dinosaurio era el más pesado?

Fue el **ARGENTINOSAURIO,** una mole
que pesaba alrededor de cien toneladas.
Aproximadamente diez veces más
que un elefante africano.

Argentinosaurio

38

¿Qué dinosaurios eran los más lentos?

Los enormes y pesados **SAURÓPODOS,** de cuerpo, cuello, patas y cola
gigantescos, que caminaban a cuatro patas, no superaban los 10 km/h.

39

¿Qué dinosaurios eran los más rápidos?

Se suele calcular la velocidad analizando la longitud de la zancada
y la altura de las extremidades. Según esta fórmula, el dinosaurio
más rápido (empatado con el gallimimo) fue el pequeño
y sorprendente **COMPSOGNATO,** de aspecto parecido
a una gallina y tamaño similar a un perro.
Podía alcanzar los 64 km/h.

Gallimimo

Compsognato

40
¿Qué dinosaurios eran los menos inteligentes?

Se cree que los **SAURÓPODOS,** que tenían una cabeza y un cráneo minúsculos en proporción a su inmenso cuerpo, eran los más torpes.

Saurópodos

41
¿Qué dinosaurios eran los más inteligentes?

El **TROODÓN** y el **ZANABAZAR,** carnívoros de pequeño tamaño, tenían un cerebro muy grande con relación a su cuerpo, por lo que están considerados como los más listos.

Troodón

42
¿Qué dinosaurio era el que más dientes tenía?

Se cree que el EDMONTOSAURIO, un herbívoro con más de mil dientes.

43

¿Qué dinosaurio tenía las garras más largas?

El **TERICINOSAURIO,** con unas garras en forma de guadaña que llegaban a medir casi un metro de longitud.

Tericinosaurio

44

¿Qué tamaño tiene el mayor huevo encontrado?

El más grande encontrado mide **UNOS 30 CM** y pesa más de 6 kg.

45

¿Qué dinosaurio es el más famoso?

El **TIRANOSAURIO.** Solo se han encontrado treinta fósiles en todo el mundo, y apenas tres cráneos. Vivió solo tres millones de años, hasta la extinción de los dinosaurios, pero es el animal prehistórico más famoso y el que más veces aparece en películas, novelas y dibujos animados.

LOS DINOSAURIOS EN LA HISTORIA
PERIODO TRIÁSICO

Parece que los continentes están quietos, pero en realidad se mueven poco a poco. Al comienzo del Triásico todos los continentes estaban **UNIDOS EN UNO SOLO LLAMADO PANGEA** (que significa 'toda la Tierra'). Así, los animales podían ir de aquí para allá sin tener que nadar o volar. Pero más tarde este continente comenzó a dividirse.

46

¿Cuándo comenzó el Triásico?

El Triásico comenzó **HACE 250 MILLONES DE AÑOS.** En esta época varias erupciones volcánicas cambiaron el clima y esto hizo que muchas especies de plantas y animales desaparecieran y surgieran otras nuevas.

Pangea

47

¿Cuántas especies animales desaparecieron?

Se calcula que el **96% DE LAS ESPECIES MARINAS** (imagínatelo: ¡en el mar solo quedaron cuatro de cada cien animales!) y el **70% DE LOS VERTEBRADOS TERRESTRES** por causa del cambio climático, los terremotos y la falta de oxígeno en los mares.

48
¿Cuándo comenzó a dividirse Pangea?

A mediados del Triásico, **HACE 167 MILLONES DE AÑOS,** PANGEA comenzó a partirse: al norte se formó LAURASIA (con las futuras Norteamérica y Eurasia) y al sur fue a parar GONDWANA (América del Sur, África, la Antártida, la India y Australia).

Laurasia

Gondwana

49
¿Cómo era la vegetación en este periodo?

En el norte de PANGEA florecieron plantas adaptadas a su clima seco y cálido: **CACTUS, PALMERAS Y ALGUNAS CONÍFERAS**. En las zonas húmedas, como en el sur de Pangea, crecían además **HELECHOS** por todas partes.

50
¿Qué especies animales predominaban?

El **LISTROSAURIO** ('reptil pala') fue uno de los pocos vertebrados terrestres que logró sobrevivir a la gran extinción y, gracias a este acontecimiento, se convirtió en el más numeroso al comienzo del Triásico. Además surgieron nuevas especies, como los **ARCOSAURIOS** ('reptiles dominantes') o los **DINOSAURIOS** ('lagarto terrible').

Los primeros dinosaurios

¿Cómo surgieron los primeros dinosaurios?

Llegó un momento en el que un **ARCOSAURIO,** que ya se parecía mucho a un **DINOSAURIO,** puso un huevo del que salió un animal con todas las características de los dinosaurios. El problema es que todavía no sabemos exactamente cuál fue ese animal. Por ahora, los paleontólogos creen que la madre de todos los dinosaurios fue una **EORRAPTOR,** descubierta en 1991.

¿Qué tamaño tenía el EORRAPTOR?

Este chiquitín medía **UN METRO DE LARGO,** apenas 30 cm de altura y pesaba solo 9 kg: era como un perro salchicha. Cazaba lagartijas, insectos y pequeños mamíferos gracias a su gran velocidad, sus garras y sus dientes afilados.

Eorraptor

Herrerasaurio

53

¿Qué dinosaurio fue el primer depredador?

El **HERRERASAURIO,** el cual, además de ser un ágil corredor, tenía una boca llena de pequeños dientes de diferentes tamaños, lo que le permitía debilitar a sus presas antes de devorarlas.

54

¿Qué tamaño tenía el HERRERASAURIO?

Podía medir **5 M DE LARGO** y la mitad de alto, y pesar 300 kg. Un tamaño muy grande para los dinosaurios que había en esa época.

55

¿De qué se alimentaba el PLATEOSAURIO?

Era un dinosaurio **HERBÍVORO,** bípedo, con brazos cortos, que trituraba las plantas de las que se alimentaba con sus dientes afilados.

LOS DINOSAURIOS EN LA HISTORIA
PERIODO JURÁSICO

En este periodo los diversos continentes que formaban **PANGEA** no paraban de moverse: dos de ellos, **CIMMERIA y EURASIA,** chocaron, y con el choque aparecieron montones de grietas de varios kilómetros de profundidad, llamadas **FALLAS.** Una de estas fallas es lo que acabó separando América y África (que entonces aún estaban unidas) y creando el océano Atlántico.

56

¿Cuándo comenzó el Jurásico?

El Jurásico comenzó **HACE UNOS 200 MILLONES DE AÑOS.** El nombre del periodo se lo puso el minerólogo francés Alexandre Bogniart mientras estudiaba las rocas de las montañas Jura, entre Alemania, Francia y Suiza.

57

¿Cómo era el clima en este periodo?

Durante el Triásico en gran parte del interior de Pangea era difícil vivir por su clima desértico (caluroso y seco), pero la separación de los continentes hizo que muchos lugares se encontraran de repente en la costa, generando un clima más **HÚMEDO,** aunque igualmente **CÁLIDO.**

58

¿Cómo afectó el clima a la vegetación?

Las plantas fueron las primeras en adaptarse al nuevo clima, y gracias a la humedad y al calor se formaron **ENORMES PRADERAS Y BOSQUES,** poblados de helechos y coníferas.

59

¿Dónde se concentró la mayor cantidad de dinosaurios durante el Jurásico?

En Europa.

60

¿En qué destacaban las especies de esta época?

En su tamaño. La vegetación era muy abundante, por lo que los herbívoros tenían comida sin límite, lo que ayudó a que se volvieran mucho más grandes. Y detrás de ellos, los carnívoros. **TODO SE HIZO MÁS GRANDE.**

Dinosaurios con cresta

61

¿Qué significa el nombre del DILOFOSAURIO?

Significa **'LAGARTO CON DOS CRESTAS'** y es una buena descripción del aspecto de este cazador, que debía de usar su sombrero doble para llamar la atención.

Dilofosaurio

62

¿De qué se alimentaba el DILOFOSAURIO?

Fue **UNO DE LOS PRIMEROS CARNÍVOROS** del Jurásico, pero pese a su aspecto (6 m de largo y media tonelada de peso), debía de usar más las garras que las mandíbulas para cazar, ya que estas eran estrechas y no muy fuertes. También puede que fuera carroñero y se alimentara de animales ya muertos.

63

¿En qué se diferenciaba el monolofosaurio del DILOFOSAURIO?

El monolofosaurio solo tenía **UNA CRESTA** y era más pequeño (5 m) pero más pesado (700 kg).

Monolofosaurio

64

¿De qué se alimentaba el MONOLOFOSAURIO?

Sus fósiles se han encontrado en una zona de China que estaba **CERCA DEL MAR:** quizás comía peces.

65

¿A qué debe su fama el CRIOLOFOSAURIO?

El criolofosaurio ('lagarto de cresta fría') es el **TERÓPODO DE COLA RÍGIDA** más antiguo que se conoce y el primer dinosaurio encontrado en la Antártida al que se le puso nombre.

66

¿Con qué mote se conoce al CRIOLOFOSAURIO?

La extraña cresta del criolofosaurio estaba atravesada sobre los ojos en lugar de ir de la parte delantera a la trasera del cráneo y hay quien dice que se parecía bastante al **PEINADO DE ELVIS PRESLEY** en los años cincuenta, así que, medio en broma, hay quien lo llama **ELVISAURIO.**

67

¿Qué rasgos comunes tenían los saurópodos?

Los dinosaurios de este grupo eran **INMENSOS** y caminaban sobre cuatro robustas patas. Tenían el cuello muy largo, la cabeza pequeña y la cola larga y fuerte.

68

¿Qué comían los saurópodos?

Los saurópodos eran **HERBÍVOROS** y comían plantas, ramas, hierbas y semillas.

Megalosaurio

69

¿Qué saurópodo es el más famoso?

El **DIPLODOCUS,** por ser el dinosaurio más largo y del que tenemos todos los huesos. Durante años, sus 27 metros de largo le hicieron **EL DINOSAURIO MÁS LARGO CONOCIDO.**

¿Cómo se defendía el DIPLODOCUS de sus enemigos?

Cuando le atacaban los animales carnívoros, como el megalosaurio, se defendía con su **ESPECTACULAR COLA DE LÁTIGO,** que medía 15 m. ¡Podía moverla rapidísimo! Su impacto destrozaba los huesos de sus enemigos.

Diplodocus

71

¿En qué época vivieron los saurópodos?

Los primeros registros son del Triásico superior; **EN EL JURÁSICO SE EXTENDIERON** por todo el mundo, y a finales del Cretácico solo quedaban unos pocos.

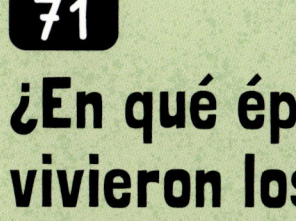

72

¿Siempre se apoyaron sobre cuatro patas?

No. Al principio, eran animales **BÍPEDOS,** e incluso mixtos, pero al final adoptaron la postura cuadrúpeda.

73
¿Cuántas vértebras tenía la cola del DIPLODOCUS?

La cola del diplodocus era una verdadera **MARAVILLA DE INGENIERÍA BIOLÓGICA:** extremadamente larga, con más de ochenta vértebras, la pudo utilizar como defensa, para hacer ruido o como contrapeso para su largo cuello de 6 m.

Diplodocus

74
¿Qué habilidad tenía el APATOSAURIO?

Era uno de los saurópodos que **PODÍA LEVANTARSE** sobre las patas traseras para llegar a las ramas superiores de los árboles más altos.

75
¿A qué debe su nombre el CAMARASAURIO?

A que en cada vértebra tenía **VARIOS HUECOS** (o «cámaras»). Sin esos huecos no se habría podido mover: tenía el esqueleto el doble de grueso que el del diplodocus, e incluso con esas cámaras de aire seguía pesando veinte toneladas más.

Braquiosaurio

76

¿Cuánto medía el supercuello del BRAQUIOSAURIO?

El braquiosaurio ('reptil brazo') tenía **UN LARGUÍSIMO CUELLO DE 12 M** que utilizaba para alimentarse de las copas de los árboles más altos sin tener que ponerse a dos patas, como el apatosaurio.

Apatosaurio

77

¿Cómo llegaba la sangre del BRAQUIOSAURIO hasta su elevada cabeza?

La sangre llegaba gracias a que poseía un **POTENTE CORAZÓN.** Cuando no estaba comiendo, puede que dejara el cuello en posición horizontal para favorecer la circulación, o quizás tenía una especie de segundo corazón en el cuello para facilitar el bombeo.

78

¿A qué debe su nombre el ESTEGOSAURIO?

Su nombre significa **'REPTIL CON TEJADO'** y se debe a la hilera de anchas placas que tenía sobre la espalda.

79

¿Qué comía el ESTEGOSAURIO?

Era **HERBÍVORO** y, como no podía llegar a las ramas de los árboles, se alimentaba de musgos, flores, frutos maduros y helechos.

80

¿Cómo era la cola del ESTEGOSAURIO?

Estegosaurio

Su cola era **FLEXIBLE** y tenía cuatro peligrosas púas en el extremo que podían medir hasta 60 cm y que utilizaba como arma defensiva.

81

¿Para qué utilizaba las placas el ESTEGOSAURIO?

Las utilizaba **PARA ENFRIARSE,** ya que tragaba muchas plantas que fermentaban en su interior y generaban enormes cantidades de calor.

82

¿De qué color eran las placas del ESTEGOSAURIO?

Las placas eran delgadas y la gran cantidad de venas que las recorrían por dentro permitían al estegosaurio teñirlas de **COLORES VIVOS** bombeando sangre por su interior.

83

¿Qué tamaño tenía el cerebro del ESTEGOSAURIO?

Su cabeza era pequeña y alargada y su cerebro era **POCO MÁS GRANDE QUE UNA NUEZ,** aunque se cree que podía tener un segundo cerebro en la columna para controlar el movimiento de la cola.

84
¿Qué significa el nombre del COMPSOGNATO?

Significa **'MANDÍBULA ELEGANTE'** y es el primer dinosaurio del que se obtuvo un esqueleto más o menos completo.

85
¿Cómo era el COMPSOGNATO?

Este reptil caminaba a dos patas y **ERA PEQUEÑO** para los dinosaurios de su época: medía un metro de largo y medio metro de alto. Por los restos de piel fosilizada que se han encontrado se cree que su cuerpo podía estar **CUBIERTO DE PLUMAS O DE ESCAMAS.**

86

¿De qué se alimentaba el COMPSOGNATO?

Su boca, estrecha en la parte de abajo, y sus dientes, pequeños y afilados, indican que **ERA CARNÍVORO** y que se alimentaba de pequeños vertebrados e insectos.

87

¿Cómo se llama a los PROCOMPSOGNATOS en la novela *Parque Jurásico*?

«COMPIS», un mote que se ha hecho muy popular tanto para ellos como para los **COMPSOGNATOS.**

Compsognato

88

El bavarisaurio se hizo famoso gracias al COMPSOGNATO. ¿Por qué?

Porque un compsognato se lo comió y su esqueleto apareció en el vientre de uno de sus fósiles. El **BAVARISAURIO ERA UN PEQUEÑO Y VELOZ LAGARTO,** lo que indica que el compsognato debía de ser muy rápido y tener una vista muy aguda para poder cazar su almuerzo.

89
¿Qué era el ARQUEÓPTERIX?

Un **AVE PRIMITIVA** que estaba entre los dinosaurios con plumas y las aves modernas. Su dieta estaba compuesta de pequeños reptiles, mamíferos e insectos.

Arqueópterix

90
¿Qué significa el nombre de ARQUEÓPTERIX?

Significa 'pluma o ala antigua'.

91
¿Qué aspecto tenía el ARQUEÓPTERIX?

Medía 50 cm (como un cuervo), tenía **GARRAS Y DIENTES** (como los reptiles), una larga cola huesuda y plumas, alas y espolón (como un gallo).

92

¿El ARQUEÓPTERIX podía volar?

Se han encontrado muy pocos fósiles y es difícil sacar conclusiones. **PUEDE QUE VOLARA** o que solo fuera capaz de planear.

93

¿De qué color era el ARQUEÓPTERIX?

No se sabe con certeza. Unos investigadores opinan que **NEGRO;** otros (los menos) creen que era **AZUL VERDOSO** con el dorso gris oscuro. Esto se ha podido saber gracias a las excepcionalmente nítidas impresiones de sus plumas en las piedras fósiles.

94

¿Por qué es tan importante el ARQUEÓPTERIX?

Porque es una prueba concluyente de que **LAS AVES PROVIENEN DE LOS DINOSAURIOS.** Es el eslabón que los une.

PERIODO CRETÁCICO

En este periodo, el supercontinente **GONDWANA** se partió en cuatro continentes más pequeños: África, Sudamérica, la India y la Antártida más Australia. Después se fueron **DESPLAZANDO** poco a poco hasta que finalmente se formaron los continentes actuales.

95

¿Cuándo comenzó el Cretácico?

El Cretácico comenzó después del Jurásico, **HACE 150 MILLONES DE AÑOS.** Y unos cincuenta millones de años después Sudamérica comenzó a moverse hacia el oeste alejándose de África, y la India continuó desplazándose hacia Eurasia, al norte.

96

¿Por qué este periodo fue el mejor momento para los dinosaurios?

Porque nunca hubo tanta **VARIEDAD,** nunca fueron tan poderosos ni tan inteligentes, nunca estuvieron tan **ADAPTADOS** y en mejores condiciones... que antes de su desaparición.

97

¿Qué pasó con los saurópodos en el Cretácico?

Durante el Cretácico los saurópodos **SIGUIERON EVOLUCIONANDO:** en el norte encontraron mucha competencia por la comida y el tamaño ya no era una ventaja, así que en general se hicieron más pequeños. La vida en el sur fue más fácil y en esta época nacieron los mayores dinosaurios de todos, como el **ARGENTINOSAURIO** (38 m de largo).

98

¿Qué especies dominaban el planeta en esta época?

En este periodo vivieron algunos de los dinosaurios más famosos, como el **TIRANOSAURIO** y el **VELOCIRRAPTOR,** ambos temibles depredadores, o el **TRICERÁTOPS,** que se convirtió en el herbívoro más abundante a finales del Cretácico.

99

¿Cuándo se extinguieron los dinosaurios?

Los dinosaurios se extinguieron **HACE APROXIMADAMENTE 65 MILLONES DE AÑOS:** no murieron todos de golpe, pero algo (los científicos todavía no están seguros de qué pudo ser) hizo que, poco a poco, los dinosaurios fueran desapareciendo.

Ceratópsidos

100
¿Qué son los ceratópsidos?

Son un grupo de dinosaurios **HERBÍVOROS CON PICO** que vivieron durante el Cretácico. Todos tenían **CUERNOS** y una especie de corona en la nuca con pinchos que los protegía de los depredadores.

101
¿Todos los ceratópsidos eran cuadrúpedos?

La mayoría eran cuadrúpedos, pero uno de los primeros caminaba sobre dos patas: el **PSITACOSAURIO** ('lagarto loro').

102
¿Qué ceratópsido es el más famoso?

El más conocido es el **TRICERÁTOPS.** Este dinosaurio fue uno de los últimos en desaparecer y el herbívoro más abundante a finales del Cretácico.

Tricerátops

103
¿Qué significa el nombre de TRICERÁTOPS?

Significa **'CARA CON TRES CUERNOS'.** El tricerátops tenía dos cuernos laterales en la frente y uno central, más pequeño, que se encontraba sobre el hocico.

104
¿El TRICERÁTOPS vivía solo o en manada?

El tricerátops vivía **EN MANADA,** como los búfalos modernos, y defendía a muerte su territorio. Cuando se descubrió en 1887, los paleontólogos creyeron que se trataba de una nueva especie de búfalo.

¿Qué tamaño tenía el TRICERÁTOPS?

Medía **9 M DE LARGO** y pesaba siete toneladas y media.

¿Cómo era la cabeza del TRICERÁTOPS?

Tenía la cabeza más grande que jamás ha poseído un animal terrestre, **UN CABEZÓN** que podía llegar a medir... ¡hasta 3 m!

Tricerátops

¿Para qué usaba los cuernos el TRICERÁTOPS?

Tal vez fueran su **DEFENSA** contra los grandes carnívoros o los usara para el cortejo. Quizás le sirvieran para anclar mejor los músculos de la mandíbula, o puede que los agitara **PARA COMUNICARSE** o para asustar a sus enemigos.

108

¿Qué particularidad tenía el cráneo del TRICERÁTOPS?

Que era **DURÍSIMO.** Han aparecido muchos fósiles con huesos rotos y curados, ya que el tricerátops se metía en muchas peleas, pero los cráneos siempre se han encontrado en buen estado.

109

¿Qué comía el TRICERÁTOPS?

Se alimentaba de **HIERBA Y DEMÁS VEGETALES** del suelo porque apenas podía levantar la cabeza. También comía las ramas y hojas de los árboles, que derribaba con sus impresionantes embestidas.

Tricerátops

110

¿Cuántos dientes tenía el TRICERÁTOPS?

Podía llegar a tener... ¡**800 DIENTES** distribuidos en 40 filas! A pesar de ello, comía muy despacio porque se pasaba horas masticando los alimentos.

Hadrosáuridos

Parasaurolofo

111

¿Qué rasgo común tenía este grupo de dinosaurios?

Tenían un hocico terminado en una especie de **PICO DE PATO** y muchos dientes para poder moler bien las plantas de las que se alimentaban. Uno de los más conocidos era el **PARASAUROLOFO.**

112

¿Los hadrosáuridos vivían solos o en manada?

Los fósiles que se han encontrado indican que **CONVIVÍAN** con otros dinosaurios de su misma especie e incluso con otros hadrosáuridos.

113

¿Qué es lo más llamativo del PARASAUROLOFO?

Lo que más llama la atención es la **ENORME CRESTA-TUBO** que tenía sobre la cabeza y que sobresalía por detrás: medía casi 2 m y estaba conectada a la nariz. Le servía para respirar cuando se sumergía en el agua y para hacer ruidos similares a los de un trombón para comunicarse.

114

¿Qué dinosaurio es considerado el mayor hadrosáurido de la Tierra?

El **LAMBEOSAURIO,** que podía medir hasta 16 metros. Se han descubierto fósiles suyos en Canadá, Estados Unidos y México. **LAWRENCE LAMBE,** uno de los primeros paleontólogos de Canadá, fue el que le puso el nombre.

Maiasaurio

115

¿A qué debe su nombre el MAIASAURIO?

Su nombre significa **'LAGARTO BUENA MADRE'** y se debe a que cuando fue descubierto se encontró en un nido con cáscaras de huevo, esqueletos de crías y fósiles de hojas, frutas y semillas. Es el primer gran dinosaurio conocido que cuidaba a sus hijos cuando eran pequeños.

116

¿Qué tamaño tenían las crías de MAIASAURIO?

Durante la incubación medían 50 cm pero **CRECÍAN MUY RÁPIDO:** en un mes ya alcanzaban 1 m, y en dos años, 3 m. Posiblemente crecían tan deprisa porque eran animales de sangre caliente.

Otros dinos del Cretácico

 ¿A qué debe su nombre el IGUANODÓN?

El nombre se lo puso el geólogo que lo descubrió, el inglés Gideon Mantell, al ver que sus dientes se parecían a los de las **IGUANAS.** Unas «iguanas» con dientes veinte veces más grandes...

Iguanodón

118 ¿Qué récord tiene el IGUANODÓN?

Descubierto en 1822, fue la **PRIMERA ESPECIE** de dinosaurio identificada.

119 ¿Qué le pasaba al pico del IGUANODÓN?

Que **NUNCA DEJABA DE CRECER,** por eso lo desgastaba royendo las hojas que comía. Si no, habría acabado clavándoselo.

Espinosaurio

120

¿A qué grupo de dinosaurios pertenecía el AMARGASAURIO?

Al grupo de los **SAURÓPODOS** de cuello corto.

121

¿Cuál era el rasgo más característico del AMARGASAURIO?

Las **ESPINAS** cubiertas de piel que recorrían su espalda y que aún siguen siendo un misterio. ¿Las usaba para comunicarse o para refrescarse?

Amargasaurio

122

¿Qué otro dinosaurio tenía unas espinas parecidas a las del AMARGASAURIO?

El **ESPINOSAURIO.** Puede que le sirvieran para calentarse o refrescarse.

123

¿A qué animal actual se parecía el GALLIMIMO?

Su nombre significa 'imitador de gallina', pero la forma de su cuerpo recuerda a la de un **AVESTRUZ.**

124

¿A qué velocidad podía correr el GALLIMIMO?

Este dinosaurio es uno de los más rápidos que ha existido; podía alcanzar una velocidad de **60 KM/H.**

125

¿Qué tamaño tenía el GALLIMIMO?

El gallimimo media **ENTRE 4 Y 6 M DE LARGO** y pesaba menos de 450 kg gracias a que tenía los huesos huecos: necesitaba ser ligero si quería correr tanto.

126

¿Cómo era la visión del GALLIMIMO?

Tenía un rasgo poco común entre los dinosaurios: **VISIÓN PERIFÉRICA.** Sus grandes ojos no estaban situados frontalmente, sino a los lados de la cabeza. Gracias a eso, gozaba de vista panorámica, huía de sus enemigos a tiempo y descubría a sus presas antes que ellas a él.

Gallimimo

127

¿QUÉ COMÍA EL GALLIMIMO?

Era **OMNÍVORO.** Se alimentaba de insectos y otros animalillos, además de hierba, plantas y algunas flores, aunque su plato favorito, según los estudiosos, eran los huevos de otros dinosaurios, que desenterraba y abría con una gran habilidad, gracias a su **PODEROSO PICO** y sus afiladas garras.

128

¿A qué grupo de dinosaurios pertenece el ANQUILOSAURIO?

El anquilosaurio ('lagarto acorazado') es el dinosaurio más importante y el de mayor tamaño dentro del grupo de dinosaurios cuadrúpedos con cuerpo blindado, los **TIREÓFOROS.** Estaba casi completamente cubierto por pesadas placas y su cola terminaba en una maza de hueso.

129

¿Qué tamaño tenía el ANQUILOSAURIO?

Podía llegar a medir 7 m de largo.

130

¿De qué se alimentaba el ANQUILOSAURIO?

Era **HERBÍVORO,** y aunque tenía unos dientes llamativamente pequeños, le resultaban muy útiles para cortar y desgarrar la vegetación.

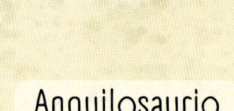

Anquilosaurio

131

¿Cómo eran las placas que cubrían el cuerpo del ANQUILOSAURIO?

Las placas eran **DURAS Y DE HUESO,** como las de los cocodrilos. Además, los huesos de su cráneo y de otras partes del cuerpo estaban fusionados entre sí para que fueran muy difíciles de partir.

132

¿Qué defensas tenía la cabeza del ANQUILOSAURIO?

Además de tener unas escamas duras y redondeadas, que le protegían la parte superior del cráneo, tenía **CUATRO LARGOS CUERNOS** piramidales que apuntaban hacia atrás.

133

¿Para qué utilizaba su cola el ANQUILOSAURIO?

Para **DEFENDERSE** de sus adversarios. Si algún valiente se atrevía a atacarle, balanceaba su cola y descargaba su maza de 30 kg, rompiendo los huesos del enemigo.

134

¿Qué significa el nombre del TIRANOSAURIO?

Su traducción es **'REPTIL TIRANO'.**
El nombre se lo puso el paleontólogo
Henry F. Osborn al quedar impresionado
por el tamaño y los afilados dientes de
un fósil que encontró en 1908.

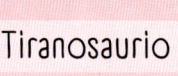
Tiranosaurio

135

¿Qué comía el TIRANOSAURIO?

Era un dinosaurio **CARNÍVORO** y un depredador
terrorífico, pero se cree que también pudo
ser carroñero.

136

¿Qué tamaño tenía el TIRANOSAURIO?

Este temible dinosaurio medía **12 M DE LARGO** y pesaba
7 toneladas. ¡Solo su cabeza medía más de un metro!

137

¿Cuánto medían los dientes del TIRANOSAURIO?

Medían **20 CM** y eran su principal arma para **DEBILITAR A SUS PRESAS.**
Aunque no eran demasiado puntiagudos, lanzaba los mordiscos más
poderosos conocidos, con una fuerza suficiente como para triturar un coche.

138
¿Cómo eran las patas del TIRANOSAURIO?

Como todos los dinosaurios **TERÓPODOS,** caminaba a dos patas. Tenía dos **PODEROSAS** extremidades inferiores que soportaban su enorme peso y dos garras delanteras muy finas que le servían para sujetar a sus víctimas mientras las devoraba.

139
¿Qué velocidad podía alcanzar el TIRANOSAURIO?

Además de su esqueleto parcialmente hueco, el tiranosaurio tenía unos músculos muy fuertes en las patas traseras, lo que le permitía moverse con agilidad y alcanzar **HASTA LOS 70 KM/H.** Seguramente corría más rápido que sus presas, los pesados herbívoros.

140

¿A qué grupo de dinosaurios pertenecía el CARNOTAURO?

Al grupo de los dinosaurios **TERÓPODOS**, que se caracterizaban por ser carnívoros y por andar a dos patas.

141

¿Con qué otro dinosaurio está relacionado el CARNOTAURO?

Con el **TIRANOSAURIO;** tenía muchas similitudes con él y, aunque el carnotauro no era tan grande ni fuerte, también sembraba el pánico en su entorno. No llegaron a coincidir en el tiempo.

142

¿Cuál era el rasgo más característico del CARNOTAURO?

El carnotauro ('toro carnívoro') pasará a la historia por sus **DOS CUERNOS** de toro que tenía encima de sus ojos. Parece que fue el primer carnívoro que los desarrolló.

Carnotauro

143

¿Cómo era la piel del CARNOTAURO?

Por impresiones de su piel que se conservan, sabemos que la tenía **LLENA DE BULTOS,** y que estos aumentaban cerca de la cola.

144

¿Cuál era el punto fuerte del CARNOTAURO?

Su punto fuerte era **LA BOCA.** Podía abrir su potente mandíbula articulada más de 45°, por lo que podía abarcar y desgarrar, con sus afilados dientes alargados, el grueso cuello de los gigantescos saurópodos o las patas de otras presas.

145

¿Cuál era el rasgo más característico del ESPINOSAURIO?

Lo más característico es la **CRESTA DE ESPINAS** cubierta de piel que tenía en la espalda, a modo de dragón.

146

¿Qué récord ostenta el ESPINOSAURIO?

Es el **MAYOR DINOSAURIO CARNÍVORO** de la Tierra, superando incluso al tiranosaurio. Medía hasta 17 m, era tan largo como cuatro coches en fila india, y tenía un cráneo en el que cabrías entero.

Espinosaurio

147

¿De qué se alimentaba el ESPINOSAURIO?

Era **CARNÍVORO,** pero la forma de sus dientes indica que se alimentaba, principalmente, de pescado.

148

¿Qué comía el CARCHARODONTOSAURIO?

Este depredador era algo más grande y pesado que el tiranosaurio. Con sus garras afiladas y sus **DIENTES COMO PUÑALES** se atrevía incluso con las mayores presas del mundo: los saurópodos.

Carcharodontosaurio

149

¿Qué pasó con el primer fósil de CARCHARODONTOSAURIO que se encontró?

Descubierto en 1927, en un principio se pensó que se trataba de los huesos de un megalosaurio. El ejemplar **FUE DESTRUIDO** por los bombardeos sobre Múnich durante la Segunda Guerra Mundial.

150

¿A qué grupo de dinosaurios pertenecía el TERICINOSAURIO?

Era un terópodo pero, en contra de la norma familiar, el tericinosaurio ¡era un **TERÓPODO HERBÍVORO**!

Tericinosaurio

151

¿Cuál era el rasgo más característico del TERICINOSAURIO?

El rasgo más característico del tericinosaurio ('lagarto guadaña') eran las **LARGUÍSIMAS GARRAS** que tenía, de casi un metro de largo, y que usaba para conseguir las mejores ramas.

152

¿A qué debe su nombre el OVIRRAPTOR?

Su nombre significa 'ladrón de huevos' y se debe al **DESCUBRIMIENTO DE UN FÓSIL** sentado sobre lo que parecía un nido de protocerátops. Más tarde se descubrió que los huevos también eran de ovirraptor y que en realidad no los estaba robando, sino empollando.

153

¿Qué sabemos de los dinosaurios gracias a un fósil de TROODÓN?

Que **DORMÍAN COMO LOS PÁJAROS,** con la cabeza escondida bajo el brazo, lo que les ayudaba a mantenerla caliente durante la noche.

154

¿Por qué se piensa que el TROODÓN era muy inteligente?

Porque tenía un **CEREBRO GRANDE** y un cuerpo pequeño.

Troodón

155

¿Cómo era la visión del TROODÓN?

Gracias a que su cerebro estaba muy desarrollado, el troodón tenía **VISIÓN BINOCULAR:** es decir, veía en tres dimensiones y tenía sensación de profundidad.

Ovirraptor

Velocirraptor

156
¿Qué significa el nombre de VELOCIRRAPTOR?

Su nombre significa **'LADRÓN VELOZ'** y sorprende por su arrojo y agresividad.

157
¿Qué tamaño tenía el VELOCIRRAPTOR?

En las películas y novelas lo sobredimensionan pero en realidad el velocirraptor medía **MENOS DE 2 M DE LONGITUD,** aunque la mitad de su cuerpo era cola, y medio metro de altura. Su peso rondaba los 20 kg.

158
¿Qué dinosaurio se parecía al VELOCIRRAPTOR pero era más grande?

El **DEINONICO** ('garra terrible'). Su descubrimiento indicó que tenía una intensa actividad cazadora y abrió la posibilidad de que los dinosaurios tuvieran sangre caliente.

159

¿Cuáles eran las armas más letales del VELOCIRRAPTOR?

Tenía varias filas de **DIENTES PUNZANTES** organizados en forma de sierra. Y, en cada extremidad, tres formidables garras muy afiladas a modo de gancho con las que sujetaba y desgarraba a sus presas.

160

¿Cuál era la técnica de caza del VELOCIRRAPTOR?

Este depredador era rápido y sigiloso. Podía superar los 40 km/h y tenía la capacidad de **ATACAR POR SORPRESA.** También era especialmente peligroso cuando acechaba en grupo, aunque esto no era lo habitual.

161

¿Cómo es el fósil más espectacular que se ha encontrado de un VELOCIRRAPTOR?

Se trata de un velocirraptor **EN PLENA LUCHA** contra un protocerátops. Ambos murieron mientras estaban enzarzados en su pelea.

¿CUÁNDO Y CÓMO SE EXTINGUIERON?

Los dinosaurios se extinguieron **HACE 65 MILLONES DE AÑOS,** al final del Cretácico. Sin embargo, a pesar de haber consenso entre la comunidad científica en cuanto a la fecha de su extinción, hasta no hace mucho, no se ponían de acuerdo sobre las posibles causas de su desaparición y se han barajado **DIVERSAS TEORÍAS** que, con el paso del tiempo, han demostrado ser inexactas o incompletas.

162

¿Cuál es la principal teoría sobre la extinción de los dinosaurios?

La principal teoría es que cayó un gran **METEORITO** en nuestro planeta.

163

¿Qué consecuencias pudo tener el impacto?

El meteorito pudo levantar una inmensa **NUBE DE POLVO,** provocando un largo efecto invernadero que cambió el clima. Los dinosaurios no se adaptaron y murieron, mientras que otras especies consiguieron sobrevivir.

164

¿Dónde se encuentran los cráteres de los meteoritos que pudieron provocar la extinción?

Actualmente **HAY TRES:** uno en el golfo de México, otro en Canadá y un tercero, de grandes dimensiones, en la India.

165

¿En qué consiste la segunda teoría?

La segunda gran teoría habla de una serie de **VOLCANES** en erupción por todo el mundo.

166

¿Cómo pudieron afectar las erupciones de los volcanes al planeta?

Las continuas erupciones pudieron hacer que la atmósfera se viera invadida por densas nubes de gases y polvo, impidiendo el paso de los rayos de sol, lo que provocaría un **CAMBIO CLIMÁTICO EXTREMO.**

167
¿Cuál es la teoría de la glaciación?

Esta teoría dice que se produjo un espectacular y repentino **ENFRIAMIENTO** del planeta que hizo que todo se cubriera de hielo.

168
Otra teoría hace referencia a la salud.

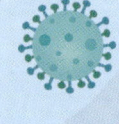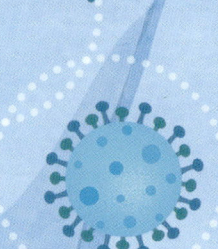

Según esta teoría, un **VIRUS** letal y muy contagioso afectó a todos los dinosaurios.

169
Hay una teoría que habla de la muerte de las crías. ¿Cómo pudieron morir?

Por el pillaje de pequeños mamíferos que encontraban los huevos que ponían los dinosaurios **Y LOS DEVORABAN.** Esta teoría surgió a raíz de la aparición de huevos fósiles agujereados y vacíos.

170
¿Cuántas especies se extinguieron?

Se calcula que desaparecieron **DOS TERCIOS** del total del planeta.

171
¿Qué especies sobrevivieron a la extinción?

Sobrevivieron **LOS MEJOR DOTADOS** y los que habitaban zonas menos afectadas, entre ellos los mamíferos, aves, cocodrilos, tortugas, abejas, animales subterráneos y peces.

172
¿Qué especie dominó la Tierra después?

La gran extinción supuso el fin de la «edad de los reptiles» (el Mesozoico) y el comienzo de la Edad Terciaria o Cenozoica, con la que llegó la conquista de la Tierra por parte de los **MAMÍFEROS.**

NO ERAN DINOSAURIOS... PERO VIVIERON CON ELLOS

Es fácil confundir con los dinosaurios a muchos de los animales que coincidieron con ellos, porque **SE PARECÍAN UN POCO.** Recuerda: aunque alguno supiera nadar o volar, los dinosaurios pasaban la mayor parte del tiempo en tierra. **OTROS REPTILES** conquistaron los cielos y los océanos.

Reptiles voladores

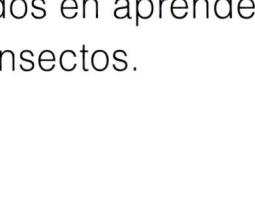

173

¿Con qué nombre se conoce a estos reptiles voladores?

Con el nombre de **PTEROSAURIOS** ('lagartos alados'). Aparecieron junto a los dinosaurios y se extinguieron con ellos. Fueron los primeros vertebrados en aprender a volar: antes solo volaban los insectos.

174

¿Qué tenían en común los pterosaurios con los murciélagos?

Que **NO TENÍAN PLUMAS PERO PODÍAN VOLAR.** Disponían de un cuarto dedo alargado que sostenía una membrana que les permitía extender el ala mucho más allá y así lograr un vuelo sostenido.

175

¿Cuántos tipos de pterosaurios se conocen?

Se han catalogado más de 170 tipos.

Pterodáctilo

176

¿Qué pterosaurio era el animal más grande que jamás haya volado?

El **QUETZALCOATLUS,** llamado así en homenaje al dios azteca Quetzalcoatl. Vivió en el Cretácico y tenía unas alas membranosas de 12 m o incluso más. ¡Era más grande que algunos aviones!

177

¿En qué se diferenciaba el QUETZALCOATLUS de otros pterosaurios?

En que podía **DESPEGAR CON SU PROPIA FUERZA,** sin necesidad de lanzarse desde un lugar elevado, ¡y en vertical! Además podía caminar ayudándose de las manos-codos en que se convertían sus alas al plegarse.

Quetzalcoatlus

69

178
¿A qué debe su nombre el PTERANODÓN?

A que **NO TENÍA NI UN DIENTE,** como los pájaros modernos, lo que lo hacía muy especial entre los pterosaurios. Su nombre significaba 'con alas, sin dientes'.

179
¿Para qué le servía la larga cresta al PTERANODÓN?

Se cree que podía usarla **COMO TIMÓN,** inclinando el cuello para poder cambiar de dirección mientras volaba. La cresta de los machos era mayor, por lo que es posible que también se usara para exhibirse.

Pteranodón

180
¿Cómo eran las patas del PTERANODÓN?

Sus patas eran **MUY DÉBILES** y, como era muy grande, no podía andar demasiado. Tenía que confiar en sus alas para recorrer grandes distancias: las agitaba poco y, aprovechando que eran muy grandes, planeaba durante horas, dejándose llevar por el viento.

Pterodáctilo

181

¿Qué tamaño tenía el PTERODÁCTILO?

Se parecía a **UN GATO** grande con unas alas de entre 50 cm y un metro.

182

¿Cuánto pesaba el PTERODÁCTILO?

Solo pesaba 2 kg gracias a sus **HUESOS HUECOS:** para volar hay que pesar muy poco.

183

¿Quién descubrió el primer fósil de PTERODÁCTILO?

El italiano **COSMO ALESSANDRO COLLINI** en 1784. Al principio creyó que se trataba de un animal marino, pero 25 años después el francés **GEORGES CUVIER** descubrió que era un reptil volador y le puso el nombre.

Reptiles marinos

184

¿En cuántas familias se dividen los reptiles marinos?

Entre los reptiles marinos hay **TRES FAMILIAS** principales, con distintas variedades dentro de cada grupo: ICTIOSAURIOS, PLESIOSAURIOS y MOSASAURIOS. Todos ellos eran temibles depredadores.

Ictiosaurio

185

¿Cuáles fueron los primeros en dominar los océanos?

Los **ICTIOSAURIOS** ('peces lagarto'), unos reptiles marinos similares a los delfines que medían unos 3 m. Fueron los depredadores acuáticos dominantes durante el Jurásico hasta la aparición de los PLESIOSAURIOS.

Plesiosaurio

Mosasaurio

186

¿Qué diferenciaba a los ICTIOSAURIOS de la mayoría de los reptiles?

Que **NO PONÍAN HUEVOS;** parían a sus crías como los mamíferos.

187

En el Tíbet se encontró el esqueleto de un enorme ICTIOSAURIO. ¿Cómo llegó hasta ahí arriba?

Durante el Jurásico la mayor parte del Himalaya estaba **BAJO EL MAR.**

188

¿Qué nombre se le puso a este ICTIOSAURIO?

TIBETOSAURIO, por el lugar en el que fue encontrado.

¿De qué animal evolucionaron los PLESIOSAURIOS?

Del **NOTOSAURIO,** un animal del Triásico de 3 m de longitud parecido al cocodrilo, que se movía entre la tierra y el mar, cazando peces, camarones y otros animales acuáticos.

190
¿Cuáles eran los rasgos más característicos de los PLESIOSAURIOS?

Tenían el cuello largo, una mandíbula capaz de devorar conchas de moluscos y unas manos en forma de remos, **ÚNICAS EN EL MUNDO SUBMARINO,** que les permitían nadar con comodidad.

Plesiosaurio

191
¿Han existido PLESIOSAURIOS recientemente?

Aunque todo indica que los plesiosaurios se extinguieron con los dinosaurios hace 65 millones de años y que no hay ninguna prueba científica de que el **MONSTRUO DEL LAGO NESS** haya existido, se rumorea que podría haber sido un plesiosaurio.

Mosasaurio

192

¿De qué animal era presa el PLESIOSAURIO?

Del mosasaurio.

193

¿Cuál era la técnica de caza de los MOSASAURIOS?

Sus fauces tenían movimientos limitados y no podían tragarse a sus presas de un solo bocado, así que primero las **DESPEDAZABAN** con sus afilados dientes.

194

¿Con qué dos animales de la actualidad se relaciona el MOSASAURIO por su aspecto?

Se dice que es una mezcla entre un **TIBURÓN** y un **COCODRILO** gordo.

ESTUDIO DE LOS FÓSILES

El **PRIMER FÓSIL** de dinosaurio reconocido como tal fue encontrado en 1824, pero hasta la segunda mitad del siglo XIX y principios del siglo XX no comenzó una búsqueda sistemática de fósiles.

195
¿Qué es un paleontólogo?

Los paleontólogos son **CIENTÍFICOS** que estudian los restos de animales que ya no existen. Buscan pistas en los fósiles encontrados para saber de qué tipo de dinosaurio se trata.

196
¿Qué es un fósil?

La palabra fósil viene del latín **FOSSILIS** ('excavado, desenterrado'), así que los fósiles son **RESTOS ORGÁNICOS** encontrados bajo tierra.

197
¿Cómo nace un fósil?

Cuando un animal muere, su carne desaparece hasta que solo quedan sus huesos. **LA TIERRA VA TAPANDO EL ESQUÉLETO** a medida que pasan los años, hasta que los huesos se convierten en piedra.

198

¿Solo son fósiles los huesos?

No, también se consideran fósiles los **RESTOS** que no se han convertido en piedra y además cualquier **RASTRO** que puede dejar un animal en la tierra (huesos, pisadas, etc.), siempre que estos restos tengan **MÁS DE 1 640 000 AÑOS.**

199

¿Se pueden conservar las partes blandas de un animal?

Sí; hay un barro especial que no tiene oxígeno: si una planta o animal queda enterrado en ese barro, también **SE FOSILIZAN** algunas de sus partes blandas. Lo mismo ocurre si el animal se congela y continúa congelado hasta su descubrimiento.

200

¿Cuál es el resto blando más impresionante que se ha encontrado?

En 2002 la doctora Mary Schweitzer trabajaba en Montana (EE. UU.) y rompió por accidente un fémur de dinosaurio mientras lo sacaba de la roca. ¡Fue increíble! Dentro se conservaban **CÉLULAS Y VENAS** de hace 68 millones de años que no se habían fosilizado.

201
¿Qué es un registro fósil?

Se llama registro fósil al grupo de todos los **FÓSILES ENCONTRADOS** en nuestro planeta. Son una sólida prueba de la evolución.

202
¿Cuántos fósiles se han encontrado?

Hasta ahora se han desenterrado **MÁS DE 11 000 RESTOS** de dinosaurios en todo el mundo. Históricamente, la mayoría provienen de Europa y Estados Unidos. Sin embargo, en nuestros días, los países en los que se descubren más fósiles son China y Argentina.

203
¿Qué son los pozos de alquitrán?

Son pozos que emergieron del **FONDO DE LA TIERRA** hasta crear un charco o incluso un lago, y en los que algunos animales cayeron y quedaron atrapados para siempre.

204

¿Cuáles son los pozos de alquitrán más famosos del mundo?

Los más famosos son los de **LA BREA,** en Los Ángeles. Estos pozos contienen muchos restos de hace 40 000 años, pero ninguno de dinosaurio. ¡Son demasiado nuevos!

205

¿Qué es el ámbar?

Es la **RESINA QUE PRODUCEN ALGUNOS ÁRBOLES** cuando se rompe su corteza para protegerse de las enfermedades y los insectos. Cuando esta se enfría, se endurece, atrapando las hojas, burbujas y pequeñas criaturas que se encuentren a su paso. El ámbar lo conserva todo deshidratado ¡y a veces incluso con el ADN intacto!

206

¿Dónde se encuentra el ámbar?

Solo hay veinte depósitos de ámbar en todo el mundo. Los más importantes están en **MÉXICO** y tienen 25 millones de años de antigüedad, pero las piezas más viejas son de hace noventa millones de años, del Cretácico, cuando aparecieron los primeros árboles.

¿Cómo saben los paleontólogos dónde tienen que excavar para encontrar fósiles?

Simplemente buscan donde **YA HAN APARECIDO ESQUELETOS ANTES:** no es muy original, pero así tienen claro que en la zona los restos se conservan bien.

208

¿Dónde no es necesario excavar?

En las **ROCAS QUE SE FORMAN CUANDO SE ENFRÍA LA LAVA.** Han pasado por cambios de temperatura y presión tan extremos que, si en algún momento hubiera habido restos de algún dinosaurio, estos ya habrían acabado hechos pedazos.

209

¿Qué se puede saber por la profundidad a la que se encuentra un fósil?

En general la Tierra está muy ordenada: a medida que pasan los años se van depositando **CAPAS DE POLVO Y SEDIMENTOS.** Un geólogo puede decirte exactamente a qué profundidad se encuentra la capa del Triásico o cualquier otro periodo en la zona en la que estás: excavar, para ellos, es como viajar atrás en el tiempo.

210

¿Qué herramientas utilizan los paleontólogos?

PALAS para excavar, **MARTILLOS** geológicos, **ESCOPLOS** para golpear las rocas y **CEPILLOS** para limpiar las piezas. Además, también utilizan **YESO** para envolver los huesos que han encontrado y evitar así que se rompan durante su traslado.

211

¿Cuál es la regla principal que todo buen paleontólogo debe recordar?

Tener paciencia y trabajar con **MUCHO CUIDADO,** utilizando lo menos posible el martillo para evitar destruir el fósil.

212

¿Qué es una quimera en paleontología?

La quimera era un monstruo mitológico griego con cabeza de león, cuerpo de cabra y cola de serpiente. Los paleontólogos llaman «quimera» a los fósiles que **SE HAN RECONSTRUIDO POR ERROR** con trozos de diversos dinosaurios: la cabeza de uno, el cuello de otro...

213

¿Qué se hace con los fósiles cuando se termina el trabajo en el yacimiento?

El siguiente paso es **REUNIR LOS FRAGMENTOS** encontrados y empezar con el proceso de reconstrucción: hay que conectar unos huesos con otros sin dañarlos, ver si los dientes que se hallaron sueltos corresponden a la mandíbula que estaba unos metros más lejos, etc.

214

¿Es necesario reconstruir los dinosaurios por completo para saber cosas de ellos?

No, de algunos se han llegado a obtener muchos datos a partir de dos o tres **VÉRTEBRAS** y un par de huellas.

215

¿Qué se puede saber por los dientes de un dinosaurio?

Por los dientes se puede adivinar **DE QUÉ SE ALIMENTABAN.** Por ejemplo, la boca del compsognato se estrechaba por debajo y tenía dientes pequeños y afilados: ideales para comer insectos.

216

¿Qué se puede saber por las pisadas?

Las pisadas indican por dónde iba, cuánto corría y cómo era de grande, e incluso pueden dar pistas sobre **QUÉ DEPREDADORES LE ACECHABAN** y cómo era la piel de sus pies. Las huellas fosilizadas se llaman **ICNITAS.**

217

¿Qué importancia ha tenido el descubrimiento de nidos de huevos fósiles?

Han sido muy útiles para **COMPARAR** a los dinosaurios adultos con sus crías.

218

¿Qué es un coprolito?

Su traducción literal es «caca de piedra» y son **EXCREMENTOS** de dinosaurios fosilizados. Gracias a ellos podemos averiguar las costumbres alimentarias de los dinosaurios: qué comían, cómo lo masticaban y cómo digerían los alimentos.

219

¿Cuánto medía el mayor coprolito que se ha encontrado?

El mayor coprolito lo encontró en 1990 la paleontóloga Wendy Sloboda y medía **63 CM DE LARGO.** Procedía de un **DASPLETOSAURIO** o un **GORGOSAURIO,** en cualquier caso un feroz carnívoro, ya que dentro del coprolito se encontraron, muy bien conservadas, fibras musculares de otro dinosaurio que había sido devorado.

220

¿Cómo pasó Mary Anning a la historia?

En 1811, una tremenda tormenta arrancó gran parte de los acantilados de Lyme Regis (Inglaterra) y Mary Anning encontró el **PRIMER ESQUELETO COMPLETO DE ICTIOSAURIO.** Pero no fue hasta 1821 cuando pasó definitivamente a la historia al descubrir el primer **PLESIOSAURIO.**

221

¿Cómo se convirtió en paleontóloga?

En 1810, la pequeña Mary y su hermano Joseph se quedaron huérfanos y empezaron a ganarse la vida **RECOGIENDO FÓSILES** en los acantilados de Lyme Regis. Ella era muy curiosa y poco a poco empezó a interesarse por aquellos restos del pasado.

222

¿Qué otros descubrimientos hizo?

Otros descubrimientos fueron una **MANTA RAYA DEL TRIÁSICO** y el primer **PTERODÁCTILO** encontrado fuera de Alemania. En 1847, la Sociedad Geológica de Londres la nombró miembro de honor por su gran contribución a la ciencia.

223

¿Por qué es famoso Othniel Charles Marsh?

Marsh fue muy importante para la historia de la paleontología por el descubrimiento del **PTEROSAURIO** y otras muchas especies. También fue el primero en describir al triceràtops y al estegosaurio. Pero curiosamente su mejor trabajo no tuvo que ver con el Mesozoico, sino con la **EVOLUCIÓN DE LOS CABALLOS.**

224

¿Qué confirmó sus teorías?

Othniel Charles Marsh fue uno de los primeros científicos americanos que creyó en la **TEORÍA DE LA EVOLUCIÓN DE DARWIN,** y gran parte de su trabajo sirvió para confirmarla. También fue el primer americano que dijo que los pájaros venían de los dinosaurios.

225

¿Por qué decían de él que era un «paleontólogo de sofá»?

Porque nunca iba a los yacimientos. Tenía **DEMASIADO TRABAJO** analizando los restos en el laboratorio.

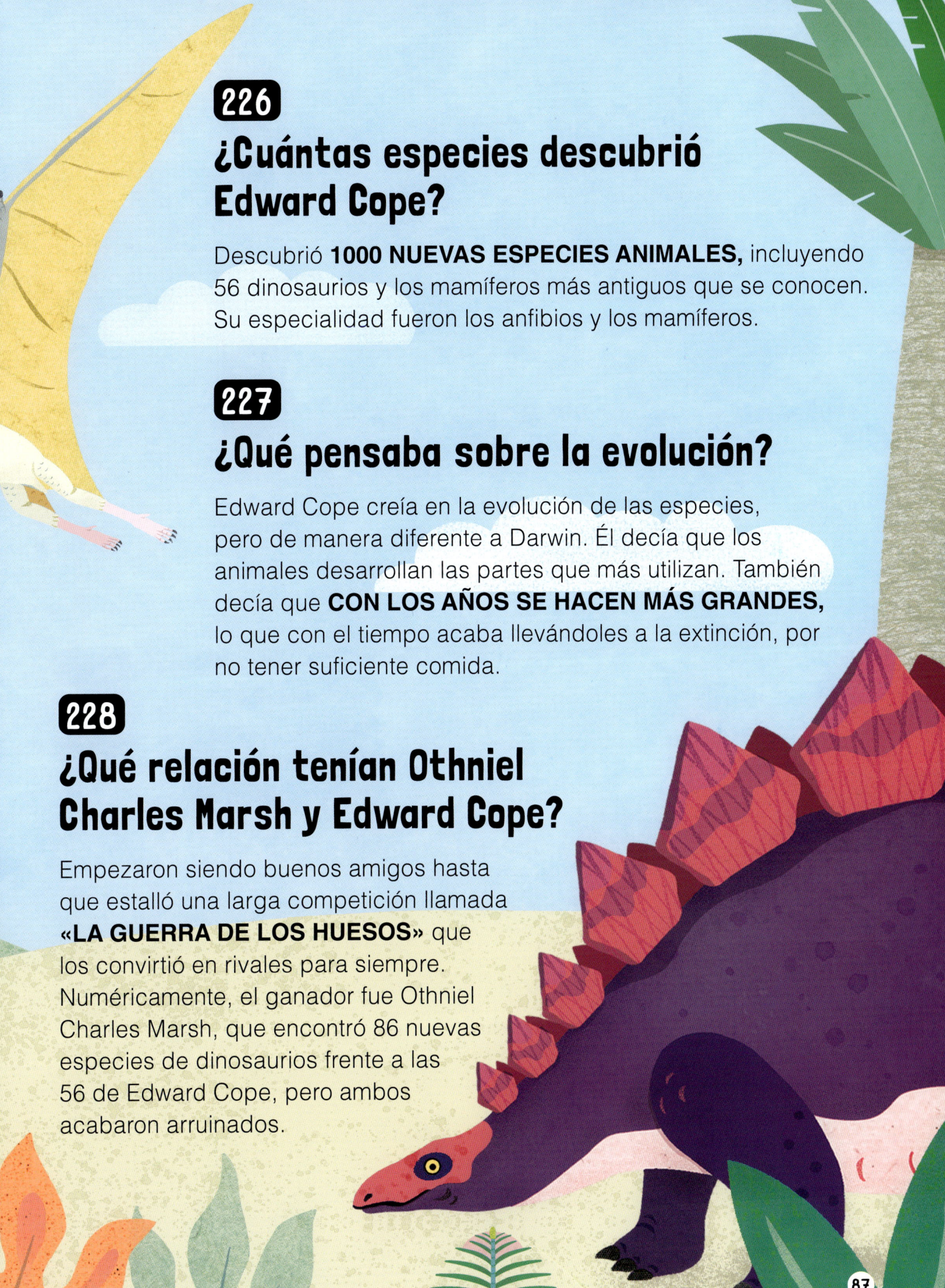

226

¿Cuántas especies descubrió Edward Cope?

Descubrió **1000 NUEVAS ESPECIES ANIMALES,** incluyendo 56 dinosaurios y los mamíferos más antiguos que se conocen. Su especialidad fueron los anfibios y los mamíferos.

227

¿Qué pensaba sobre la evolución?

Edward Cope creía en la evolución de las especies, pero de manera diferente a Darwin. Él decía que los animales desarrollan las partes que más utilizan. También decía que **CON LOS AÑOS SE HACEN MÁS GRANDES,** lo que con el tiempo acaba llevándoles a la extinción, por no tener suficiente comida.

228

¿Qué relación tenían Othniel Charles Marsh y Edward Cope?

Empezaron siendo buenos amigos hasta que estalló una larga competición llamada **«LA GUERRA DE LOS HUESOS»** que los convirtió en rivales para siempre. Numéricamente, el ganador fue Othniel Charles Marsh, que encontró 86 nuevas especies de dinosaurios frente a las 56 de Edward Cope, pero ambos acabaron arruinados.

LOS DINOSAURIOS EN LA FICCIÓN

Los dinosaurios aparecen **EN MUCHÍSIMAS PELÍCULAS, SERIES Y VIDEOJUEGOS:** nos encanta imaginar qué pasaría si nos encontráramos con ellos. Pero las historias de dinosaurios aparecieron en realidad antes de que se inventara el cine: ya eran famosos en los libros.

229

¿Qué animales prehistóricos aparecen en *Viaje al centro de la Tierra* (novela de 1864)?

En esta novela, **JULIO VERNE** escribió la historia de unos investigadores que descubren una inmensa cueva donde todavía conviven animales prehistóricos, aunque no auténticos dinosaurios. En ella aparecen **ICTIOSAURIOS, PLESIOSAURIOS** y **MASTODONTES.**

230

¿Cuántas adaptaciones de *Viaje al centro de la Tierra* se han hecho?

Hay al menos siete adaptaciones al cine, una de ellas española (1976). También se han hecho **VARIAS SERIES** televisivas, una obra de teatro, dos videojuegos, una adaptación radiofónica e incluso un disco.

231

¿En qué novela de Arthur Conan Doyle de 1912 aparecen dinosaurios?

En **EL MUNDO PERDIDO.** En ella, el profesor Challenger y su equipo viajan a una selva en Sudamérica en busca de algún dinosaurio y acaban atrapados en un valle lleno de monstruos prehistóricos.

232

¿Qué error cometió Doyle con el alosaurio?

Escribió que «era tan grande como un caballo», pero en realidad podía medir casi 10 m.

233

La primera versión cinematográfica de *El mundo perdido* (1925) también fue la primera en...

En ser proyectada en un avión y en utilizar la técnica de animación con muñecos **STOP MOTION** para dar vida a sus dinosaurios.

234

¿Cuántas adaptaciones de *El mundo perdido* hay?

Un total de seis **PELÍCULAS** y tres **SERIES** de televisión.

235
¿Qué error cometió Walt Disney en la película musical *Fantasía* (1940)?

Dibujó al tiranosaurio con **TRES DEDOS** en sus manos, cuando en realidad tenía dos. Cuando le avisaron de su error, contestó: «Pero le sienta mejor tener tres».

236
¿Qué dinosaurio se ve al fondo de la batcueva de *Batman* (1946)?

Un **TIRANOSAURIO.** El origen se explicó en una historia en la que unos ladrones robaban un dinosaurio robot de un parque de atracciones. Batman los detuvo y el dueño del parque, agradecido, le regaló el robot.

237

¿Cómo se llama el «perro» de *Los Picapiedra* (1960-1966)?

El «perro» de Wilma y Pedro Picapiedra se llama **DINO** y se trata de un imaginario **SNORKASAURIO,** aunque, más allá de su aspecto, se comporta como un perro guardián grandote y baboso al que le encanta pelearse con el felino familiar: el tigre dientes de sable Baby Puss.

238

¿Qué criaturas prehistóricas aparecen en el mundo de *Los Picapiedra*?

En esta serie de dibujos animados, aparecieron muchos dinosaurios, y otras criaturas prehistóricas, realizando funciones de aparatos modernos. Por ejemplo, unos enormes **QUETZALCOATLUS** transportan a los viajeros de Aerolíneas Pterodáctilo; también hay apatosaurios-excavadora y minimamuts-aspiradora.

239

¿Qué cinco robots de *Transformers* (1984-1987) se convierten en dinosaurios?

Los **DINOBOTS.** Grimlock, el líder, se convierte en tiranosaurio; Slag es un triceratops; Sludge, un brontosaurio; Snarl, un estegosaurio, y Swoop, un pteranodón. Son un grupo de robots **MUY REBELDES,** pero al mismo tiempo también son cinco de los Transformers más poderosos.

240
¿Quiénes son los cinco protagonistas de *En busca del valle encantado* (1988)?

Los cinco protagonistas son un **APATOSAURIO** (Piecito), una **TRICERÁTOPS** (Cera), una **PTERANODÓN** (Petrie), un **ESTEGOSAURIO** (Púas) y un **SAUROLOFO** (Patito), y ya han vivido juntos muchísimas aventuras.

241
¿Qué dinosaurio cobra vida en *Noche en el museo* (2006, 2009, 2014 y 2022)?

En esta saga **TODOS LOS ANIMALES** del museo cobran vida propia y dan vueltas por las instalaciones cuando se van los visitantes. La más alucinante de estas criaturas es el juguetón esqueleto de tiranosaurio.

242
¿En qué paleontólogo se basó Michael Crichton para crear al protagonista de la novela *Parque Jurásico* (1990)?

Se basó en **JACK HORNER,** descubridor de los maiasaurios y experto en el crecimiento de los dinosaurios.

243

¿Cuál es el mayor error de la serie de novelas y películas de *Parque Jurásico*?

Que la mayoría de los dinosaurios del parque **NO SON DEL PERIODO JURÁSICO:** el tricerátops, el velocirraptor y el tiranosaurio, por ejemplo, pertenecen al Cretácico.

244

¿Se podrían clonar animales extintos en la vida real?

De momento es imposible pensar en clonar dinosaurios, porque no tenemos suficiente material genético, pero, ¿y los **MAMUTS**? Desde 2005 conocemos todo su mapa genético y podríamos llenar los huecos con algo mejor que una rana (como en *Parque Jurásico*): ADN de elefante.

245

¿Quién creó en 1991 una serie de dinosaurios con marionetas?

JIM HENSON, autor de los *Teleñecos* y *Barrio Sésamo,* ideó una divertidísima serie titulada **DINOSAURIOS,** con una familia compuesta por Earl, un poderoso megalosaurio; su esposa Fran, una alosaurio, y sus tres hijos, que se enfrentan a los retos de la vida diaria.

246

¿Qué gran paleontólogo dio consejos para la película *Parque Jurásico*?

ROBERT T. BAKKER, autor de varios libros sobre dinosaurios.

247

¿Qué era *Carnivores*, aparecido en 1998?

El título de un **VIDEOJUEGO** que nos ponía en la piel de un cazador de dinosaurios clonados en una especie de *Parque Jurásico*.

248

¿Qué novela del año 2000 nos habla de una raza de humanoides que vuelve a la Tierra?

El título de la novela era **DINOSAUR WARS.** Teniendo en cuenta los últimos hallazgos de los paleontólogos, la historia cuenta cómo una raza de humanoides regresa a la Tierra con un **EJÉRCITO DE TIRANOSAURIOS Y MEGARRAPTORES** para recuperar el planeta que los humanos les robaron.

249

¿De qué trataba *El viaje de Arlo*, del año 2015?

El viaje de Arlo es una bella **PELÍCULA DE ANIMACIÓN** de los estudios Pixar en la que se cuenta qué habría ocurrido si el **METEORITO** que supuestamente acabó con los dinosaurios nunca hubiera caído en la Tierra. Los protagonistas son un apatosaurio y su amigo, un niño humano.

250

¿En qué película un astronauta de otro planeta se estrella en la Tierra de hace 65 millones de años?

La película se titula *65* y se estrenó en el año 2023. En ella, el astronauta y una niña, única superviviente del accidente, se enfrentan a **TERRIBLES CRIATURAS** que resultan ser dinosaurios y otros animales prehistóricos.

ÍNDICE DE DINOSAURIOS